De erfenis van maître Mussard

Vertaald door Anneriek de Jong

Patrick Süskind

De erfenis van maître Mussard

Drie geschiedenissen
en een beschouwing

1995
Uitgeverij Bert Bakker
Amsterdam

© 1976, 1985, 1986 Patrick Süskind

© 1995 Diogenes Verlag AG, Zürich

© 1995 Nederlandse vertaling
   Uitgeverij Bert Bakker en Anneriek de Jong

Oorspronkelijke titel
   DREI GESCHICHTEN UND EINE BETRACHTUNG

Omslagontwerp Rick Vermeulen

Typografie Rudo Hartman

ISBN 90 351 1649 6

De erfenis van
maître Mussard

'Onophoudelijk met zijn verschillende ontdekkingen in de weer windt Mussard zich zo op over deze gedachten dat zij zich ten slotte in zijn hoofd beslist tot een systeem, dat wil zeggen tot dwaasheid zouden hebben verdicht, ten nadele van zijn verstand en tot verdriet van zijn liefhebbende vrienden, als de dood hem niet door een vreemde en afschuwelijke ziekte bij hen weg had gehaald.'

Rousseau, *Bekentenissen*

DEZE luttele bladzijden zijn bestemd voor een mij onbekende lezer en voor een later geslacht, dat de moed heeft de waarheid onder ogen te zien en de kracht haar te verdragen. Kleine geesten doen er beter aan mijn woorden te mijden als vuur: prettige dingen heb ik niet te melden. Ik moet het kort houden, want mij rest nog maar weinig tijd van leven. Alleen al het opschrijven van een zin kost mij een inspanning die bovenmenselijk kan worden genoemd, en ik zou er niet eens aan beginnen wanneer een innerlijke noodzaak mij er niet toe dwong mijn kennis en dat wat aan mij geopenbaard is aan latere generaties mee te delen.

De ziekte waaraan ik lijd en waarvan alleen ikzelf de ware oorzaken ken, wordt door doktoren
paralysis stomachosa genoemd en bestaat uit een
snel voortschrijdende verlamming van mijn lede-
maten en al mijn organen. Ze dwingt mij dag en
nacht, door kussens gesteund, rechtop in bed te
zitten en het op de deken liggende schrijfblok met
mijn linkerhand—de rechterhand is volkomen ver-
stijfd—te beschrijven. Het omslaan van de bladzijden doet Manet voor me, mijn trouwe dienaar,
aan wie ik ook de opdracht heb gegeven voor mijn
nalatenschap zorg te dragen. Ik neem sinds drie
weken alleen nog vloeibaar voedsel tot me, sinds
twee dagen echter doet zelfs het slikken van water
schier ondraaglijke pijn—maar ik mag geen tijd
verliezen met gelamenteer over mijn huidige toestand. De mij resterende kracht moet ik geheel en
al aan de beschrijving van mijn ontdekkingen wij-
den. Eerst nog iets over mijzelf.

Jean-Jacques Mussard. Ik ben op 12 maart 1687
in Genève geboren. Mijn vader was schoenlapper.
Ik daarentegen voelde al vroeg de roeping een ede-
ler vak te leren en werd gezel bij een goudsmid. Na
een paar jaar legde ik het vakexamen af. Mijn
werkstuk was—o hoon van het noodlot!—een in
een gouden schelp gevatte robijn. Aan het eind van

twee jaar rondtrekken, een periode waarin ik de Alpen gezien heb en de zee en het wijdse land daartussen, begon Parijs mij te lokken, waar ik vast werk bij maître Lambert in de Rue Verdelet vond. Na maître Lamberts vroege dood nam ik het atelier van hem over, huwde een jaar daarna zijn weduwe en verwierf aldus vakdiploma en gilderechten. In de daaropvolgende twintig jaar slaagde ik erin van de kleine goudsmederij in de Rue Verdelet de grootste en meest gerenommeerde juwelierszaak van heel Parijs te maken. Mijn klanten kwamen uit de voornaamste kringen van de hoofdstad, uit de beste families van het land, uit de naaste omgeving van de koning. Mijn ringen, broches, juwelen en diademen vonden hun weg naar Holland, Engeland en Duitsland, en menig gekroond hoofd is mijn drempel overgegaan. In 1733, twee jaar na de dood van mijn lieve vrouw, werd ik benoemd tot hofjuwelier van de hertog van Orléans.

De toegang tot de hoogste kringen van onze maatschappij bleef niet zonder invloed op de ontplooiing van mijn intellectuele gaven en mijn karaktervorming.

Ik leerde van gesprekken waar ik bij mocht zijn, ik leerde uit boeken en offerde elk vrij uurtje op aan lezen. In de loop van enkele tientallen jaren eigende ik mezelf op deze wijze een dermate grondige kennis van wetenschap, letterkunde, kunst en Latijn toe dat ik, ofschoon ik nooit een academie of universiteit had bezocht, mezelf zonder snoeven een geleerd man mocht noemen. Ik verkeerde in alle belangrijke salons en ontving op mijn beurt de bekendste denkers van onze tijd: Diderot, Dondillac, d'Alembert zaten aan mijn dis. De correspondentie die ik jarenlang met Voltaire voerde, zal in mijn erfenis te vinden zijn. Zelfs de schuwe Rousseau rekende ik tot mijn vrienden.

Ik vermeld deze feiten niet om mijn toekomstige lezers—voor het geval die er zijn—te imponeren met een opsomming van bekende namen. Veeleer wil ik een verwijt ontzenuwen dat men mij zou kunnen maken wanneer ik mijn ongelooflijke ontdekkingen en inzichten eenmaal onthuld zal hebben; het verwijt dat ik een arme dwaas ben wiens uitlatingen niet serieus genomen hoeven te worden omdat hij geen flauw benul van filosofie en van de moderne wetenschap zou hebben. Genoemde mannen zijn getuigen van de helderheid van mijn geest en van mijn oordeelsvermogen. Wie dus meent mij niet serieus te hoeven nemen, hem kan ik slechts zeggen: wie ben jij, vriend, dat je een man tegenspreekt die de groten van zijn tijd als hun gelijke beschouwden!

De uitbreiding van atelier en zaken had van mij een welgesteld man gemaakt. En toch, hoe ouder ik werd, des te minder betekende de schoonheid van het goud en van de briljanten voor me en des te meer waardeerde ik die van de boeken en wetenschappen. Daarom besloot ik me nog voor mijn zestigste volledig uit het zakenleven terug te trekken en de rest van mijn dagen in rust en gegarandeerde welstand door te brengen, ver weg van de drukte van de hoofdstad. Ik verwierf een lap grond bij Passy, liet daarop een ruim huis bouwen en een tuin aanleggen met allerlei sierheesters, bloemperken en fruitbomen, plus nette grindpaden, een paar kleine cascaden en fonteinen. Het geheel was door een stevige haag van buksbomen van de rest van de wereld gescheiden, en leek mij met zijn lieflijke en rustige ligging de ideale plek voor een man die in de spanne tijds tussen de zorgen van het leven en de dood nog een moment van rust en genot wil schuiven. Op 22 mei 1742, op de leeftijd van vijfenvijftig jaar, verhuisde ik van Parijs naar Passy en betrok het nieuwe huis.

O! Als ik nu aan die lentedag terugdenk waarop ik vol stil geluk en stille vreugde in Passy aankwam! Als ik aan die eerste nacht denk, toen ik voor het eerst van mijn leven naar bed ging zonder het bedrukkende vooruitzicht van een ochtend vol bedrijvigheid, afspraken, haast en zorgen; in slaap gezongen door niets dan het zachte ruisen van de elzen in mijn eigen tuin, hoe zoet ik sluimerde—in dezelfde kussens waarin ik nu versteend zit! Ik weet niet of ik die dag vervloeken of zegenen moet. Sindsdien ben ik bij stukjes en beetjes te gronde gericht, tot ik deze erbarmelijke toestand bereikte; maar sindsdien is ook allengs de waarheid aan mij onthuld, de waarheid over het begin en het verloop en het eind van ons leven, onze wereld, onze hele kosmos. Het gezicht van de waarheid is afschrikwekkend en zijn aanblik even dodelijk als die van het hoofd van Medusa. Maar wie eenmaal, door toeval of hardnekkig zoeken, de weg naar de waarheid gevonden heeft, die moet hem tot het eind toe bewandelen. Ook wanneer hij dan geen rust en geen troost meer kent en niemand hem er dankbaar voor is.

Onbekende lezer, onderbreek de lectuur nu even en onderzoek uzelf voordat u verder leest! Bent u sterk genoeg om het allerverschrikkelijkste te vernemen? Wat ik u zeg is ongehoord en wanneer ik u eenmaal de ogen geopend heb, zult u een nieuwe wereld zien en de oude niet meer kunnen waarnemen. Deze nieuwe wereld echter zal lelijk zijn en bedreigend en beklemmend. Verwacht niet dat er enige hoop voor u blijft bestaan, een of andere uitweg of troost, behalve dan de troost dat deze waarheid definitief is. Lees niet verder wanneer u bang voor de waarheid bent! Leg deze bladzijden weg wanneer het definitieve u afschrikt! Mijd mijn woorden wanneer uw gemoedsrust u lief is! Onwetendheid is geen schande, voor de meesten betekent het geluk. En inderdaad, onwetendheid is het enig mogelijke geluk op deze wereld. Gooi het niet lichtzinnig weg!

Ik vertel u nu iets wat u nooit meer zult vergeten omdat u het diep vanbinnen altijd al wist, net zoals ik het al wist voordat het aan mij geopenbaard werd. We hebben ons er alleen maar tegen verzet het toe te geven en uit te spreken: *de wereld*, zeg ik, *is een oester die meedogenloos dichtklapt.*

U sputtert tegen? U verzet zich tegen dit inzicht? Dat is geen wonder. De stap was te groot. U kunt hem niet in één keer doen. De oude mist is zo dik dat zelfs een groot licht hem niet kan verdrijven. We moeten honderd kleine lichtjes aansteken. Daarom wil ik u de rest van mijn verhaal vertellen om u aldus deelgenoot te maken van het inzicht dat ik allengs kreeg.

Ik heb al het een en ander over de tuin gezegd die mijn nieuwe huis omringde. Het was inderdaad een klein park, waarin weliswaar ook een keur aan zeldzame bloemen, struiken en bomen stond maar die ik vooral met simpele rozen liet beplanten, omdat de aanblik van bloeiende rozen altijd een kalmerend en troostend effect op mij had. De tuinman, die ik bij het ontwerp van de tuin vrij liet in het bepalen van de details, had ook voor mijn op het westen gelegen salon een breed rozenperk aangelegd. De brave man wilde me daarmee een plezier doen. Hij kon niet weten dat ik, hoe graag ik ook naar rozen keek, toch niet graag door rozen bekneld en omwoekerd werd. Net zomin kon hij bevroeden dat met de aanleg van het rozenperk een nieuw en tevens het laatste tijdperk in de geschiedenis van de mensheid zou beginnen. Het zat met de rozen namelijk zo dat ze absoluut niet wilden gedijen. De struiken bleven armzalig klein, sommige verdorden ondanks ijverig begieten, en toen de rest van de tuin schitterend bloeide, hadden de rozen voor de salon nog niet eens knoppen. Ik ging te rade bij mijn tuinman. Die wist geen andere oplossing dan het hele bloembed uit te graven, met verse aarde te vullen en opnieuw te beplanten. Mij leek die werkwijze omslachtig, en daar ik in stilte nooit gelukkig met die al te nabije rozen was geweest, overwoog ik het hele bed onbeplant te laten en daarvoor in de plaats een terrasje aan te leggen, van waaruit men, uit de salon komend, over de hele tuin kon uitkijken en 's avonds van de mooiste zonsondergangen kon genieten. Dit idee hield mij zo sterk bezig dat ik besloot het eigenhandig in praktijk te brengen.

Ik begon de rozenstammen te verwijderen en het bed uit te graven, om het later weer te vullen met zand en kiezelstenen als onderlaag voor de tegels. Na luttele spadesteken echter haalde ik geen kruimige aarde meer naar boven, maar stuitte ik op een droge, wittige laag die het graven bemoeilijkte. Ik nam mijn toevlucht tot een houweel waarmee ik het zeldzame witte gesteente losbikte. Het viel uiteen in kleine stukken, die ik met de schop bijeenveegde. Mijn mineralogische belangstelling voor het onbekende gesteente werd getemperd door de irritatie over al het werk dat het verwijderen ervan met zich meebracht, totdat mijn blik op de volle spade viel, net toen ik uithaalde om die met een wijdse zwaai van zijn last te ontdoen. Op de spade zag ik een vuistgrote steen liggen en aan de zijkant leek een teer en regelmatig gevormd ding te kleven. Ik zette de schop neer, nam de steen

in mijn hand en zag tot mijn verbazing dat het regelmatig gevormde ding aan de zijkant van de
steen een stenen oester was. Onmiddellijk liet ik het
werk liggen en ging naar binnen om mijn vondst te
onderzoeken. De oester aan de zijkant van de steen
leek er helemaal mee vergroeid en was er ook in
kleur amper van te onderscheiden, behalve dat zij
de changerende wit-, geel- en grijstinten door haar
als een waaier gespreide, nu eens stevige, dan weer
tere tekening versterkte. Ze was even groot als een
louis d'or en leek vanbuiten precies op de oesters
die je op de stranden van Normandië en Bretagne
kunt vinden en die we niet zelden als delicatesse
voorgeschoteld krijgen. Toen ik met een mes aan
de schaal krabde en een hoekje van de klep brak,
bleek dat het breukvlak in niets te onderscheiden
was van een breukvlak aan een willekeurige zijde
van de steen. Ik stampte het afgebroken stuk oester
in een vijzel fijn en stampte in een andere vijzel een
brok van de steen fijn; in beide gevallen verkreeg ik
hetzelfde grijswitte poeder, dat er, vermengd met
een druppel water, uitzag als het spul dat gebruikt
wordt voor het witten van muren. Dat schelp en
steen uit één en dezelfde substantie bestonden—de
enorme draagwijdte van deze ontdekking, die me
nu nog steeds koude rillingen bezorgt—drong toen

nog niet helemaal tot me door. Te zeer was ik gefascineerd door de vermeende uniciteit van mijn vondst, te zeer geloofde ik in een toevallige gril van de natuur, iets anders kon ik me gewoon niet voorstellen.

Nadat ik mijn oesters grondig had onderzocht, ging ik terug naar het rozenperk om te kijken of ik er nog meer kon vinden. Ik hoefde niet lang te zoeken. Met elke spadesteek, met elke berg opgeschepte aarde bracht ik stenen oesters naar de oppervlakte. Nu ik wist hoe ik moest kijken, ontdekte ik waar ik vroeger alleen maar stenen en zand had gezien de ene laag oesters na de andere. In een half uur telde ik er wel honderd, daarna hield ik op met tellen omdat ik niet genoeg ogen in mijn hoofd had om ze allemaal waar te nemen.

Vervuld van een duister voorgevoel waar ik niet aan durfde toe te geven, al komt het vast en zeker ook reeds bij u op, onbekende lezer, ging ik met mijn schop naar de andere kant van de tuin en begon ook hier te graven. Eerst vond ik alleen maar aarde en leem. Maar na een halve meter stuitte ik op oestergesteente. Ik groef op een derde, op een vierde, ik groef op een vijfde en zesde plek. Overal—soms al de eerste keer dat ik de schop in de grond stak, soms op grotere diepte—vond ik oesters, oestergesteente, oesterzand.

In de daaropvolgende dagen en weken ondernam ik excursies in de omgeving. Eerst groef ik in Passy, toen in Boulogne en Versailles, ten slotte had ik heel Parijs, van St. Cloud tot Vincennes, van Gentilly tot Montmorency, systematisch omgewoeld, zonder ook maar één keer vergeefs naar oesters te hebben gezocht. En als ik eens geen oesters vond, dan vond ik zand of steen waarvan de substantie hetzelfde was als die van de oesters. In de beddingen van Seine en Marne lagen de oesters voor het oprapen aan de oppervlakte van grindbanken, terwijl ik bij Charenton, argwanend in het oog gehouden door bewakers van het krankzinnigengesticht, een vijf meter diepe schacht moest graven voordat ik iets vond. Van elke opgraving bracht ik een paar exemplaren van de oesters en het bijbehorende gesteente mee naar huis, waar ik ze nauwkeurig onderzocht. Het resultaat van deze proeven was steeds hetzelfde als bij mijn eerste schelp. De diverse oesters van mijn verzameling onderscheidden zich, op het formaat na, in niets van elkaar en ook niet, afgezien van de vorm, van het gesteente waarmee ze vergroeid waren. Onderzoek en excursies leidden tot twee fundamentele vragen, en naar het antwoord keek ik even bang als reikhalzend uit.

Ten eerste: hoe groot was de onderaardse verbreiding van het oestergesteente?

En ten tweede: hoe en waarom ontstonden de oesters, of, in andere woorden: wat bracht een amorf of tenminste volkomen willekeurig gevormd stuk steen ertoe de buitengewoon kunstige vorm van een oester aan te nemen?

Onbekende lezer, val me alstublieft niet in de rede met de uitroep dat reeds de grote Aristoteles zich met zulke vragen bezighield, of met de opmerking dat het voorkomen van oestergesteente noch een originele noch een verrassende ontdekking is, maar een al duizenden jaren bekend verschijnsel. Daar kan ik slechts op zeggen: geduld, vriend, geduld!

Ik beweer geenszins dat ik de eerste mens ben die een stenen oester gevonden heeft. Iedereen die met open ogen door de natuur loopt, zal er wel eens een hebben gezien. Alleen heeft niet iedereen er iets bij gedacht, en nog niemand heeft er zo consequent over nagedacht als ik. Natuurlijk ken en kende ik de theorieën van de Griekse filosofen over het ontstaan van onze planeet, van de continenten, het landschap enzovoort; theorieën waarin ook verwijzingen naar de stenen oesters te vinden zijn. Nadat ik het praktijkgedeelte van mijn onderzoek had afgesloten, liet ik uit Parijs elk boek komen waarin ik ook maar de geringste opheldering over het probleem van de oesters hoopte te vinden. Ik doorvorste alle geschriften over kosmologie, geologie, mineralogie, meteorologie, astronomie en verwante gebieden. Ik las al het werk van schrijvers die iets over oesters te zeggen hadden, van Aristoteles tot Albertus Magnus, van Theofrastus tot Grosseteste, van Avicenna tot Leonardo.

Daarbij bleek nu dat deze grote geesten weliswaar voldoende verstand van oesters als verschijnsel hadden, van hun vorm, verbreiding enzovoort, maar dat zij allemaal faalden wanneer het erom ging oorsprong, kern en eigenlijke bestemming van de oesters te verklaren.

Niettemin kon ik na het bestuderen van deze boeken de vraag naar de omvang van de veroestering beantwoorden. Uitgaand van het principe dat men niet de hele wereld rond hoeft te zeilen om te ervaren dat de hemel overal blauw is, had ik reeds vermoed dat er overal waar men een gat groef om ernaar te zoeken oesters waren. Ik las nu niet alleen over oestervondsten in Europa en het Verre Oosten, van de hoogste toppen tot de laagste stroomdalen, maar ook over oesterkalk, oesterzand, oestersteen en volgroeide oesters die op de pas ontdekte continenten van Noord- en Zuid-Europa gevonden waren. Daarmee werd bevestigd wat ik al bij mijn Parijse ontdekkingen had gevreesd, namelijk dat onze hele planeet door oesters en een oesterachtige substantie ondermijnd is. Dat wat wij voor de eigenlijke gedaante van onze aarde aanzien, weiden en bossen, meren en zeeën, tuinen, akkers, woeste gronden en vruchtbare vlakten, dat alles is niets dan een fraaie maar dunne mantel om een broze kern. Zou men deze mantel verwijderen, dan zou onze planeet eruitzien als een grijs-witte bal, bestaande uit myriaden aaneengegroeide, louis d'or-grote stenen oesters. Op zo'n planeet zou geen leven meer mogelijk zijn.

De ontdekking dat de aarde in wezen uit oesters bestaat, zouden we als onbenullige curiositeit kunnen afdoen wanneer het om een toestand zou gaan die onveranderlijk is en afgesloten. Helaas is dat niet het geval. Uit mijn uitgebreide onderzoek, dat ik door tijdnood niet meer in details kan weergeven, is gebleken dat de veroestering van de aarde een snel voortschrijdend en niet te stuiten proces is. Nu al is de aardmantel overal bros en tot op de draad versleten. Op veel plaatsen is hij reeds door een oesterachtige substantie stukgeknaagd en aangevreten. Zo lezen we bij de klassieke auteurs dat het eiland Sicilië, de noordkust van Afrika en het Iberisch schiereiland destijds de gezegendste en vruchtbaarste landstreken ter wereld waren. Nu zijn deze gebieden, zoals bekend, op een paar uitzonderingen na alleen nog maar met stof, zand en steen bedekt, wat niets anders is dan een voorstadium van de definitieve oestervorming. Hetzelfde geldt voor het grootste deel van Arabië, voor de noordelijke helft van Afrika en, zoals we uit de laatste berichten weten, voor nog onpeilbaar grote delen van Amerika. En zelfs in ons eigen land, dat voor ons altijd een gezegend land is geweest, kunnen we een voortschrijdende veroestering constateren. Zo moet in delen van de westelijke Provence en in de zuidelijke Cevennen de aardmantel reeds tot de dikte van één vinger zijn afgesleten. Al met al overtreft het reeds door veroestering aangetaste aardoppervlak de totale oppervlakte van Europa.

De oorzaak van de onstuitbare vermenigvuldiging van oesters en oestersubstantie moeten we in de niet te doorbreken kringloop van het water zoeken. Want net als voor de normale, in zee levende oester is ook voor de steenoester het water zijn grootste bondgenoot, ja zelfs de voorwaarde voor zijn bestaan. Zoals ieder ontwikkeld mens weet, beschrijft het water een eeuwige kringloop, want het stijgt, door zonnestralen geactiveerd, boven de zee op en balt zich tot wolken samen die, door de wind ver weg geblazen, boven het land opengaan en het water in de vorm van regendruppels over de aarde uitgieten. Daar doordrenkt het de bodem tot en met de kleinste kruimel, waarna het zich in bronnen en stroompjes herenigt, tot beken en rivieren aanzwelt en ten slotte weer naar zee vloeit. Zijn rampzalige bijdrage aan de oestervorming levert het water in het stadium waarin het de aarde binnendringt. Het lost de bodem allengs op, vreet hem aan en spoelt hem weg. Daarna sijpelt het water dieper weg, tot aan de oestersteenlaag, en scheidt hier de voor de oestervorming noodzakelijke, uit de aardbodem gewonnen stoffen af. Op deze wijze wordt de mantel van de aarde steeds dunner terwijl de oestersteenlaag groeit en groeit. Een bevestiging van mijn ontdekking zult u krijgen wanneer u gewoon bronwater in een pan kookt. Op de bodem en aan de wanden van de pan vormen zich wittige afzettingen. Bij pannen die langere tijd voor het koken van water worden gebruikt, kan het bezinksel dikke korsten vormen. Weekt men die korsten los en stampt men ze fijn in een vijzel, dan verkrijgt men hetzelfde poeder als bij het fijnhakken van steenoesters. Als men hetzelfde experiment met regenwater uitvoert, blijft er geen bezinksel achter.

Mijn onbekende lezer zal nu begrijpen in welke hopeloze situatie de wereld zich bevindt: het water dat we geen dag kunnen missen, vernietigt de basis van ons bestaan, de aarde, en werkt samen met onze grootste vijand, de stenen oester. Daarbij is de transformatie van het leven schenkende element aarde tot het levensvijandige element steen even onvermijdelijk en onherroepelijk als de metamorfose van een grote verscheidenheid aan bloeiende vormen in één enkele oestervorm. Laten we ons dus geen verkeerde voorstellingen meer maken van het eind van de wereld, er bestaat alleen dit ene einde van de totale veroestering, dat net zo zeker is als het op- en ondergaan van de zon, het optrekken van de mist en het vallen van de regen. Hoe dat einde er precies uitziet zal ik later beschrijven. Eerst moet ik op de tegenwerpingen ingaan die men beslist zal maken en die ik maar al te goed begrijp. Want geen mens wil het verschrikkelijke zien, en de angst verzint duizend mitsen en maren. Maar voor de filosoof telt alleen de waarheid. Hoe jammerlijk zelfs onze beroemdste wijsgeren falen als het erop aankomt het oesterfenomeen te verklaren, heb ik al kort aangegeven. Sommigen maken het zichzelf gemakkelijk en beweren dat oesters niets anders zijn dan een toevallige speling van de natuur, die er ooit, om welke reden dan ook, behagen in schiep stenen een oestervorm te geven. Ieder weldenkend mens zal deze oppervlakkige en gemakzuchtige theorie, die vooral door Italiaanse auteurs nog steeds verspreid wordt, zo belachelijk en onwetenschappelijk in de oren klinken dat ik mezelf de moeite kan besparen daarop in te gaan.

Een tweede, serieus te nemen mening die ook door de belangrijkere filosofen wordt aangehangen, luidt dat de hele aarde in de prehistorie door de zee bedekt was, en toen die zich terugtrok zouden de levende oesters overal zijn blijven liggen. Om hun bewering te staven voeren deze geleerden de zondvloed in de bijbel aan, waar inderdaad geschreven staat dat de hele aarde tot aan de hoogste bergtoppen met water overspoeld is geweest. Hoe verhelderend deze interpretatie in de oren van een naïeve geest ook mag klinken, als wetende moet ik haar toch met kracht van de hand wijzen. In het boek Mozes kunnen we lezen dat de overstroming van de aarde bij elkaar 370 dagen geduurd heeft en dat de bergtoppen—waar niet minder oesters te vinden zijn dan in de laagvlakte!—precies 150 dagen onder water stonden. Hoe kan, vraag ik me af, een overstroming van zo korte duur zoveel oesters hebben achtergelaten? Bovendien zouden de duizenden jaren geleden door de zondvloed aangespoelde schelpen allang door weer en wind afgeslepen en tot zand vermalen moeten zijn. En zelfs wanneer ze op onverklaarbare wijze bewaard zouden zijn gebleven, dan nog zou niemand kunnen verklaren waarom ze zich voortdurend vermenigvuldigen, zoals wij hebben vastgesteld. We zien dus dat alle interpretaties en verklaringen van het oesterwezen, op de mijne na, volkomen ongegrond zijn.

Tot dusverre hebben we ontdekt dat de buitenste laag van onze aarde blootstaat aan een voortdurende transformatie van veelsoortige materie tot oestersubstantie. Het ligt dus voor de hand te vermoeden dat de veroestering een algemeen principe vormt waaraan niet alleen de uiterlijke vorm van de aarde, maar al het leven en elk verschijnsel op aarde en in de hele kosmos onderworpen is.

Een blik door de verrekijker had mij er allang van overtuigd dat onze naaste buurman in het heelal, de maan, een welhaast klassiek voorbeeld voor de veroestering van de kosmos is. Alleen heeft zij reeds een stadium bereikt dat de aarde nog te wachten staat, namelijk dat van de voltooide metamorfose van alle materie in oestersubstantie. Er zijn astronomen, zelfs aan het hof, die beweren dat de maan een gastvrije planeet is met beboste heuvels, sappige weiden, grote meren en zeeën. Daar is niets van waar. Wat die dilettanten voor zeeën aanzien zijn reusachtige oesterwoestijnen, en wat zij op hun maankaarten als bergen aangeven zijn doodse hopen oestersteen. Hetzelfde verhaal geldt voor andere hemellichamen.

Latere generaties met een scherper verstand en sterkere verrekijkers zullen mij gelijk geven.

Nog verschrikkelijker dan de veroestering van de kosmos is het gestage verval van ons eigen lichaam tot oestersubstantie. Dit verval is zo hevig dat het bij iedereen onherroepelijk de dood tot gevolg heeft. Terwijl de mens bij zijn verwekking, als ik me zo mag uitdrukken, slechts uit een klompje slijm bestaat dat wel klein is maar nog volkomen vrij van oestersubstantie, scheidt hij reeds in het lichaam van zijn moeder sedimenten van die substantie af. Kort na de geboorte zijn deze sedimenten nog aardig zacht en soepel, zoals we aan de hoofdjes van pasgeborenen kunnen zien. Maar reeds na korte tijd is de verknoking van het kleine lichaam, de omschaling en inperking van het hersenvolume door een hard stenig omhulsel zo ver voortgeschreden dat het kind een tamelijk starre gedaante aanneemt. De ouders juichen en zien het nu pas voor een echt mens aan. Ze begrijpen niet dat hun kind, zodra het zijn eerste stapjes doet, reeds door oesters is aangetast en alleen nog maar zijn zekere einde tegemoet buitelt. Toch verkeren kinderen vergeleken met oude mensen in een benijdenswaardige positie. Bij een bejaarde namelijk is de verstening het duidelijkst zichtbaar. Zijn huid wordt droog, zijn haar breekt af, zijn aderen, hart en hersens verkalken, zijn rug trekt krom, de hele gestalte buigt en welft zich volgens de innerlijke structuur van de oester, en ten slotte valt hij in zijn graf als een ellendig hoopje oestersteen. En zelfs dan is het nog niet afgelopen. Want de regen valt, de druppels dringen de aarde binnen en het water vreet hem aan, totdat er niets dan minuscule deeltjes van hem over zijn die door het water worden weggespoeld naar de oesterlaag, alwaar hij dan in de vorm van de bekende steenoesters zijn laatste rustplaats vindt.

Wie mij verwijt dat ik fantaseer of dingen beweer die niet te bewijzen zijn, hem vraag ik slechts: merkt u dan niet hoe u van jaar tot jaar verknekelt, hoe u steeds onbeweeglijker wordt, hoe lichaam en ziel uitdrogen? Weet u niet meer hoe u als kind sprong, boog en draaide, hoe u tien keer op een dag viel en tien keer weer opstond alsof er niets gebeurd was? Herinnert u zich uw tere huid niet meer, het zachte, soepele vlees, uw veerkrachtige en toch ontembare levensmoed? Kijk nu eens wat er van u terecht is gekomen! Uw huid in rimpels en plooien gevouwen, uw gelaat verteerd door leed en gekerfd als na een behandeling met looizuur, uw lichaam stijf en krakend, elke beweging kost moeite, elke stap is een overwinning, en steeds de kwellende angst te vallen en in stukken te breken als een uitgedroogde aarden kruik. Voelt u haar niet? Voelt u haar niet in elke vezel, de oester in u? Merkt u niet hoe zij uw hart belaagt? Ze heeft uw hart al half omsloten. Een leugenaar die dat ontkent!

Ikzelf ben wel het beste en treurigste voorbeeld van een door oesters aangetast mens. Hoewel ik al jaren regenwater drink om de aanwas van oestersubstantie te beperken, ben juist ik het meest getroffen. Toen ik een paar dagen geleden mijn nalatenschap op schrift begon te stellen, kon ik mijn linkerhand nog vrij goed bewegen. Inmiddels zijn mijn vingers zo versteend dat ik mijn pen niet meer zelf kan neerleggen. Daar ik mijn mededelingen onmogelijk kan dicteren en ook spreken me helse pijnen zou bezorgen, moet ik nu vanuit mijn pols schrijven, met ruk- en trekbewegingen van mijn hele arm. Deze buitengewoon snelle veroestering juist bij mij is geen toeval. Te lang al heb ik me met de oesters beziggehouden en te veel geheimen heb ik hen al ontfutseld, zodat ze mij wel gruwelijk aan mijn eind móeten laten komen, als afschrikwekkend voorbeeld. Ofschoon de macht van de oesters steeds onbetwist zal zijn, willen zij hun geheim toch koste wat het kost bewaren, want oesters zijn ijdel en wraakzuchtig. Het zal u bevreemden, onbekende lezer, mij over oesters, die schijnbaar levenloze steenachtige gewrochten, te horen praten alsof het wezens zijn die een bijzondere relatie met een mens kunnen aangaan en hem met hun wraak kunnen straffen. Ik zal u nu het laatste en vreselijkste geheim toevertrouwen, dat van het oesterwater. Maar pas op: u loopt daarbij het gevaar net zo te eindigen als ik.

Al helemaal aan het begin van mijn ervaringen met oesters had ik mezelf afgevraagd waarom een uit oestersubstantie bestaande steen uitgerekend de vorm van een oester aanneemt. De filosofen laten ons bij de beantwoording van deze belangrijke vraag wederom in de steek. Alleen bij de Arabier Avicenna vinden we een verwijzing naar een *vis la-*

pidificativa, maar waar deze kracht vandaan komt en waarom zij zich op een dermate oestergerichte wijze uit, kan ook hij ons niet zeggen. Ik daarentegen was er al snel van overtuigd dat achter de universele veroestering niet alleen een bepaalde kracht, maar zelfs *de* bewegende kracht moest staan, die aan één Hoogste Wil gehoorzaamde. Hoezeer ik ook van het bestaan van deze Hoogste Wil overtuigd was, daar ik zijn emanatie in de stenen oesters herkende, toch kon ik me geen voorstelling maken van het wezen dat deze wil tot uiting bracht. Wat voor wezen kon het zijn dat voor ieder van ons een dood door wurging in petto had, dat van de wereld een woestenij maakte en hemel en aarde in een stenen oesterzee veranderde?

Jarenlang heb ik daarover nagedacht. Ik heb me in mijn studeerkamer opgesloten en mijn hersens afgepijnigd. Ik ben de natuur ingetrokken op zoek naar een plotseling inzicht. Het was allemaal vergeefs. Ten slotte moet ik bekennen dat ik dat onbekende wezen smeekte zich aan mij te openbaren, dat ik het bezwoer en vervloekte. Maar er gebeurde niets. Mijn gedachten draaiden in precies dezelfde cirkels rond als altijd en het leven ging zijn kwellende gangetje. Ik vreesde al dat ook de arme Mussard omlaag moest naar de oesters zonder de ultieme waarheid te kennen, net als de mensheid vóór hem.

Maar toen gebeurde er iets unieks dat ik moet beschrijven en toch niet beschrijven kan, omdat het zich in een realiteit afspeelde die in zekere zin boven of buiten de realiteit van woorden lag. Ik wil proberen te vertellen wat zich laat vertellen, en zal van wat niet vertelbaar is het effect op mij beschrijven. Of ik me begrijpelijk uitdruk zal voor een niet gering deel van u, onbekende lezer, afhangen, die mij reeds tot hier gevolgd is. Ik weet dat u mij zult begrijpen als u me maar begrijpen wilt.

Het gebeurde één jaar geleden, op een dag in de vroege zomer. Het was mooi weer, de tuin stond in volle bloei. De geur van de rozen vergezelde me op mijn wandeling en de vogels zongen alsof ze de wereld ervan wilden overtuigen dat die eeuwig was, en dit niet een van haar laatste zomers was voordat de oesters kwamen. Het moet bijna middag geweest zijn want de zon scheen erg fel. Ik ging in de schaduw van een appelboom op een bank zitten om uit te rusten. In de verte hoorde ik het geklater van de fontein. Uitgeput sloot ik mijn ogen. Toen leek het geklater van de fontein opeens harder te worden en aan te zwellen tot een waar geruis. En toen gebeurde het. Ik werd weggedragen uit mijn tuin, het donker in. Ik wist niet waar ik mij bevond, ik was ingesloten door de donkerte en door merkwaardige, gorgelende en ruisende, knersende en malende geluiden. Deze beide geluidsgroepen— het waterige geruis en het stenige gekners—leken op dat moment op het scheppingsgedruis van de wereld, als ik het zo mag zeggen. Ik was bang. Toen de angst zijn toppunt bereikte viel ik omlaag, het gedruis verzwakte, toen viel ik uit de donkerte. Opeens was ik door zoveel licht omringd dat ik vreesde blind te worden. Ik viel verder in het licht en verwijderde me van het donkere oord dat ik nu als een enorme zwarte massa boven mij zag. Hoe dieper ik viel, des te meer ik van die massa zag, en des te reusachtiger werd haar omvang. Ten slotte wist ik dat de zwarte massa boven mij een oester was. Toen splitste de massa zich in tweeën, opende haar zwarte vleugels als een gigantische vogel, sperde haar kleppen over het hele universum open en daalde neer over mij, over de wereld, over het licht en al wat is en sloot zich. En het werd voor altijd nacht, en het enige wat nog bestond was het gemaal en geruis.

De tuinman vond mij liggend op het grindpad. Ik had geprobeerd van de bank op te staan en was van uitputting ineengestort. Men droeg mij het huis binnen en legde me op het bed waaruit ik sindsdien niet meer ben opgestaan. Ik was zo verzwakt dat de dokter voor mijn leven vreesde. Pas drie weken later was ik weer redelijk opgeknapt. Alleen voelde ik een samengebalde pijn in mijn maag die van dag tot dag erger werd en steeds grotere delen van mijn lichaam trof. Dat is de oesterziekte, die als afschrikwekkend voorbeeld mij te pakken heeft, die mij bijzonder wreed en voorspoedig sloopt, maar die mij ook boven anderen verheft als de man die de oester gezien heeft. Ik moet een hoge prijs betalen voor mijn inzicht, maar die prijs betaal ik graag, want nu bezit ik het antwoord op de laatste van alle vragen: de kracht die al wat leeft in haar ban houdt en overal een eind aan maakt, de hoogste wil die het universum bestiert en het tot veroestering dwingt ten teken van zijn eigen omnipresentie en omnipotentie, deze kracht gaat van de grote oeroester uit. Haar binnenste mocht ik even verlaten om haar grootheid en vreselijke heerlijkheid te aanschouwen. Wat ik gezien heb was het visioen van het eind van de wereld. Wanneer de veroestering van de wereld zo ver is voortgeschreden dat iedereen de macht van de oester moet erkennen, wanneer de mensen, aan hulpeloosheid en ontzetting overgeleverd, hun

verschillende goden schreeuwend om hulp en verlossing smeken, dan zal als enige antwoord de grote oester haar vleugels openen en over de wereld
dichtslaan en alles daarbinnen vermalen. Nu heb
ik u alles gezegd, onbekende lezer, wat moet ik nog
meer zeggen? Hoe zou ik u moeten troosten? Moet
ik over de onverwoestbaarheid van uw ziel, over de
genade van de barmhartige God, over de opstan-
ding van het lichaam zwetsen net als de filosofen en
profeten? Moet ik van de oester een goedhartige
god maken? Moet ik na de verering van Jahwe en
Allah de verering van de oester prediken en de
mensheid verlossing beloven? Waartoe? Waartoe
liegen? Men zegt dat de mens niet kan leven zonder
hoop. Welnu, hij heeft nooit geleefd, hij sterft. Wat
mij betreft, ik voel dat ik deze nacht niet zal over-
leven, en in mijn laatste nacht begin ik niet opeens
te liegen. Ik ben blij dat ik eindelijk aan het eind
van mijn sterven kom. U, arme vriend, staat er nog
middenin.

Naschrift van Claude Manet,
de dienaar van maître Mussard

Vandaag, op 30 augustus 1753, op de leeftijd van zesenzestig jaar, is mijn goede maître Mussard gestorven. Ik trof hem vroeg in de ochtend aan op bed, in zijn gebruikelijke houding zittend. Zijn ogen kon ik niet voor hem sluiten omdat de leden star en onbeweeglijk waren. Toen ik zijn pen uit zijn hand wilde nemen, brak de linker wijsvinger van mijn meester af als glas. De lijkenwasser kon hem slechts met grote moeite aankleden, daar mijn meester na de gebruikelijke lijkstijfheid zijn verstarde zittende houding niet wilde opgeven. Dr Procope, de vriend en arts van mijn meester, wist geen andere oplossing dan een vierkante doodkist te laten timmeren, en op de eerste dag van septem-

ber werd mijn meester tot ontzetting van de rou-
wenden in een vierkant graf, dat na de bijzetting
wel met duizend rozen was bezaaid, op het kerkhof
van Passy te rusten gelegd. Moge God zich over zijn
ziel ontfermen!

Het dictaat van
de diepgang

EEN jonge vrouw uit Stuttgart, ze kon mooi tekenen, kreeg bij haar eerste tentoonstelling van een criticus, die het niet kwaad bedoelde en haar wilde aanmoedigen, te horen: 'Wat u maakt is knap en innemend, maar u heeft nog te weinig diepgang.'

De jonge vrouw begreep niet wat de criticus bedoelde en was zijn opmerking al gauw vergeten. Maar twee dagen later stond in de krant een recensie van dezelfde criticus waarin beweerd werd: 'De jonge kunstenares bezit veel talent en haar werk spreekt zeker aan, maar het mist helaas diepgang.' Toen begon de jonge vrouw na te denken.

Ze bekeek haar tekeningen en bladerde in oude mappen. Ze bekeek al haar tekeningen en ook degene waarmee ze net bezig was. Vervolgens schroefde ze de inktpotten dicht, veegde de pennen af en ging wandelen.

Diezelfde avond was ze op een feestje uitgenodigd. De mensen leken de recensie uit het hoofd geleerd te hebben en noemden steeds weer haar talent en dat haar werk eenieder zo aansprak. Maar in het gemompel op de achtergrond en in dat van hen die met hun rug naar haar toe stonden kon de jonge vrouw, als ze goed luisterde, horen: 'Diepgang heeft ze niet. Dat is het. Ze is niet slecht, maar helaas, ze heeft geen diepgang.'

In de hele daaropvolgende week tekende de jonge vrouw niets. Ze zat zwijgend in haar woning voor zich uit te broeden en had steeds maar één gedachte in haar hoofd, die alle overige gedachten als een diepzee-inktvis omknelde en verslond: 'Waarom heb ik geen diepgang?'

In de tweede week probeerde de vrouw weer te tekenen, maar verder dan onhandige ontwerpjes kwam ze niet. Soms lukte het haar niet eens een gewone streep op papier te zetten. Ten slotte beefde ze zo hevig dat ze haar pen niet meer in de inktpot kreeg. Toen begon ze te huilen en riep: 'Ja, het klopt, ik heb geen diepgang!'

In de derde week begon ze boeken over kunst te bekijken, het werk van andere tekenaars te bestuderen, galerieën en musea af te struinen. Ze las theoretische beschouwingen over kunst. Ze ging een boekhandel binnen en vroeg de verkoper om het diepzinnigste boek dat hij in voorraad had. Ze kreeg een boek van een zekere Wittgenstein en kon daar niets mee beginnen.

Bij de tentoonstelling '500 jaar Europese tekeningen' in het stedelijk museum sloot ze zich bij een schoolklas aan die door de leraar tekenen werd rondgeleid. Plotseling, bij een schets van Leonardo da Vinci, sprong zij naar voren en vroeg: 'Pardon, kunt u me vertellen of deze tekening diepgang heeft?' De leraar keek haar grijnzend aan en zei: 'Als u mij in de maling wilt nemen moet u vroeger opstaan, mevrouw!' En de klas lachte hartelijk. De jonge vrouw echter ging naar huis en huilde hartverscheurend.

De jonge vrouw werd nu steeds eigenaardiger. Ze verliet amper nog haar werkkamer en kon toch niet werken. Ze slikte pillen om wakker te blijven en wist niet waarvoor ze wakker moest blijven. En als ze moe werd sliep ze in haar stoel, want ze zag er tegenop naar bed te gaan, uit angst voor de diepte van de slaap. Ze begon ook te drinken en liet de hele nacht het licht aan. Ze tekende niet meer. Toen een kunsthandelaar uit Berlijn opbelde en haar om wat tekeningen vroeg, schreeuwde ze in de hoorn: 'Laat me met rust! Ik heb geen diepgang!' Van tijd tot tijd kleide ze met plastiline, maar ze maakte niets speciaals. Ze begroef er alleen haar vingertoppen in of kneedde balletjes. Haar uiterlijk verwaarloosde ze. Ze lette niet meer op haar kleding en liet haar woning verslonzen.

Haar vrienden waren bezorgd. Ze zeiden: 'We moeten iets voor haar doen, ze zit in een crisis. De crisis is óf van menselijke óf van artistieke aard, óf het is een geldkwestie. In het eerste geval kunnen we niets doen, in het tweede geval moet ze er doorheen, in het derde geval zouden we een inzameling voor haar kunnen houden maar dat vindt ze misschien te pijnlijk.' Dus beperkte men zich ertoe haar uit te nodigen, voor een etentje of voor een feestje. Ze zegde altijd af met als reden dat ze moest werken. Ze werkte echter nooit, maar zat slechts in haar kamer, keek voor zich uit en kneedde plastiline.

Op een dag was ze zo wanhopig over zichzelf dat ze toch een uitnodiging aannam. Een jongeman die haar wel leuk vond wilde haar na het feest naar huis brengen om met haar naar bed te gaan. Ze zei dat dat best mocht want zij vond hem ook wel leuk, alleen moest hij weten dat ze geen diepgang had. Toen trok de jongeman zich terug.

De jonge vrouw die ooit zo mooi had getekend, takelde nu zienderogen af. Ze ging niet meer weg, ze ontving niemand meer, door het gebrek aan beweging dijde ze uit, door de drank en de pillen werd ze vroeg oud. Haar woning begon te verrotten, zelf rook ze zurig.

Ze had dertigduizend mark geërfd. Daarvan leefde ze drie jaar. Eén keer in die tijd maakte ze een reis naar Napels, geen mens weet onder welke omstandigheden. Wie haar aansprak kreeg slechts een onbegrijpelijk gebrabbel als antwoord.

Toen het geld op was, sneed en prikte de vrouw al haar tekeningen stuk, reed naar de televisietoren en sprong 139 meter omlaag. Omdat het die dag hard waaide sloeg ze echter niet te pletter op het geasfalteerde plein onder de toren, maar werd ze over een heel haverveld heen gedragen tot aan de bosrand, waar ze in de dennen landde. Ze was niettemin meteen dood.

De sensatiepers pikte het voorval gretig op. De zelfmoord op zich, de interessante vliegbaan, het feit dat het om een ooit veelbelovende kunstenares ging die bovendien mooi was geweest, dat alles had een hoog informatiegehalte. Haar woning verkeerde in zo'n rampzalige staat dat men er schilderachtige foto's van kon maken: duizenden lege flessen, overal sporen van destructie, aan flarden gescheurde tekeningen, aan de muren klompen plastiline, ja, zelfs uitwerpselen in de hoeken! Men waagde er een tweede opvallende krantekop aan plus een bericht op pagina drie.

In de kunstbijlage schreef de reeds genoemde criticus een stukje waarin hij er zijn ontzetting over uitsprak dat de jonge vrouw op zo'n vreselijke manier had moeten sterven. 'Telkens weer,' schreef hij, 'is het voor ons nabestaanden een schokkende gebeurtenis te moeten aanzien dat een getalenteerd jong mens niet de kracht vindt zich in het kunstwereldje te handhaven. Stimulerende overheidsmaatregelen en particuliere initiatieven volstaan niet in gevallen waarin het in de eerste plaats om aandacht op het menselijke en om verstandige begeleiding op het artistieke vlak gaat. Toch lijkt uiteindelijk de kiem voor dit tragische einde in het individu te liggen. Want spreekt niet reeds uit haar eerste, nog schijnbaar naïeve werk die angstaanjagende verscheurdheid, afleesbaar reeds aan de eigenzinnige, de boodschap onderstrepende meng-

techniek, dat naar binnen gekeerde, zich spiraal-
vormig vastbijtende en tegelijkertijd zeer emo-
tionele en zichtbaar vergeefse protest van de
schepping tegen zichzelf? Dit noodlottige, ik zou
haast zeggen genadeloze dictaat van de diepgang?'

Een strijd

O P een vroege avond in augustus, toen de meeste mensen het park reeds verlaten hadden, zaten in het paviljoen in het noordwestelijke deel van de Jardin du Luxembourg nog twee mannen tegenover elkaar aan het schaakbord. Hun spel werd door ruim een dozijn toeschouwers met zo veel gespannen aandacht gadegeslagen dat, ofschoon het al bijna borreltijd was, niemand het in zijn hoofd haalde op te stappen voordat de strijd beslist was.

De belangstelling van de kleine menigte was gericht op de uitdager, een vrij jonge man met zwart haar, een bleek gezicht en verveelde donkere ogen.

Hij sprak geen woord, vertrok geen spier, liet alleen van tijd tot tijd een niet-aangestoken sigaret tussen zijn vingers heen en weer rollen en was überhaupt de nonchalance in eigen persoon. Niemand kende deze man, niemand had hem ooit zien spelen. En toch was er vanaf het eerste ogenblik, toen hij alleen maar bleek, verveeld en zwijgend achter het schaakbord was gaan zitten om de stukken op te stellen, zo'n sterke uitstraling van hem uitgegaan dat ieder die hem zag zeker wist dat het hier om een heel bijzondere persoonlijkheid ging met een groot en geniaal talent. Misschien was het slechts de aantrekkelijke en tegelijkertijd ongenaakbare verschijning van de jongeman, zijn elegante kleding, de welgevormdheid van zijn lichaam; misschien waren het de rust en zelfverzekerdheid die in zijn gebaren lagen; misschien de aura van vreemdheid en bijzonderheid die hem omgaf—in elk geval wist het publiek, nog voordat de eerste pion was neergezet, zeker dat deze man een eersteklas schaakspeler was die een wonder zou volbrengen waarop iedereen heimelijk hoopte: het wonder de lokale schaakmatador te verslaan.

Deze, een tamelijk afzichtelijk mannetje van pakweg zeventig jaar, was in elk opzicht het exacte tegendeel van zijn jeugdige uitdager. Hij droeg de blauwgebroekte en dikvestige, vetvlekkerige kledij van de Franse pensioentrekker, had al ouderdomsvlekken op zijn bevende handen, had dun haar, een wijnrode neus en paarse aderen op zijn gezicht. Elke vorm van uitstraling ontbrak hem en bovendien was hij ongeschoren. Nerveus nam hij trekjes van zijn sigarettepeukje, schoof onrustig op zijn tuinstoel heen en weer en schudde voortdurend bedenkelijk het hoofd. De omstanders kenden hem maar al te goed. Ze hadden allemaal al eens tegen hem gespeeld en steeds van hem verloren, want hoewel hij een allesbehalve geniale schaakspeler was, had hij toch de zenuwslopende, irritante en bepaald onuitstaanbare eigenschap geen fouten te maken. Je kon er bij hem niet op rekenen dat hij je door ook maar één moment van onoplettendheid tegemoetkwam. Om van hem te winnen moest je echt beter spelen dan hij. Dit, voelde men, zou vandaag nog gebeuren: een nieuwe meester was gekomen om de oude matador beentje te lichten—ach wat!—om hem af te slachten, hem zet voor zet neer te sabelen, om hem in het stof te laten bijten en hem de bitterheid van een nederlaag eindelijk te laten proeven. Dat zou menige zelf geleden nederlaag goedmaken.

'Kijk uit, Jean!' riepen ze nog tijdens de openingszetten. 'Dit keer kost het je je kop! Tegen hem kun je niet op, Jean! Waterloo, Jean! Let op, vandaag beleven we een Waterloo!'

'Eh bien, eh bien…,' antwoordde de bejaarde, schudde het hoofd en schoof met aarzelende hand zijn witte pion naar voren.

Zodra de vreemdeling, die de zwarte stukken had, aan zet was, werd het stil in de kring. Tot hem had niemand het woord durven richten. Men hield met schuwe oplettendheid in het oog hoe hij zwijgend aan het bord zat, zijn superieure blik niet van de stukken afhield, hoe hij de niet-aangestoken sigaret tussen zijn vingers rolde en met snelle zekere gebaren speelde als het zijn beurt was.

De opening verliep volgens het bekende stramien. Toen kwam het tweemaal tot een afruil van pionnen, hetgeen de tweede keer resulteerde in een dubbelpion voor zwart, wat doorgaans als een verzwakking geldt. De vreemdeling echter had de dubbele pion beslist heel bewust op de koop toe genomen, om daarna zijn koningin ruim baan te geven. Hiertoe diende kennelijk ook het nu volgende pionoffer, een soort vertraagd gambiet dat wit slechts aarzelend, angstig bijna, aannam. De toeschouwers wisselden veelbetekenende blikken, knikten bedenkelijk, keken gespannen naar de vreemdeling.

Die onderbreekt een ogenblik het sigaret-rollen, tilt zijn hand op, tast toe—en jawel: hij stuurt de koningin op pad! Schuift haar ver naar voren, diep de vijandelijke gelederen in, splijt als het ware met zijn koninginnerit het slagveld in twee helften. Een goedkeurend gemompel klinkt uit de menigte op. Wat een zet! Wat een allure! Ja, dat hij de koningin zou activeren, dat had men al gedacht—maar meteen zo'n grote zet! Geen van de omstanders—en dat waren zonder meer deskundige lieden—had deze zet verwacht. Maar dat tekent juist de ware meester. Een ware meester speelde origineel, riskant, vastberaden—domweg anders dan een doorsneespeler. En daarom hoefde je als doorsneespeler ook niet elke zet van de meester te begrijpen, want... inderdaad begreep men niet goed wat de koningin daar in de voorste linies te zoeken had. Voor geen enkel vitaal doel vormde zij een bedreiging, ze viel slechts gedekte stukken aan. Maar bedoeling en diepere betekenis van deze zet zouden weldra aan het licht komen, de meester had een plan, dat leed geen twijfel, je herkende het aan de onbeweeglijke uitdrukking op zijn gezicht, aan zijn zekere, rustige hand. Zeker na deze onconventionele koninginnezet was het ook tot de traagste toeschouwer doorgedrongen dat hier een genie aan het schaakbord zat zoals je er niet gauw nóg een zou ontmoeten. Voor Jean, de oude matador, had men alleen nog boosaardige aandacht. Hoe kon hij ook tegenover zoveel originaliteit en verve op? Ze kenden hem toch! Met kleine zetjes zou hij waarschijnlijk proberen zich uit de affaire terug te trekken, met omzichtig vertragende kleine zetjes... En na lang wikken en wegen pakt Jean, in plaats van op de grootse koninginnezet een even groots antwoord te geven, een klein pionnetje op H4 dat door het oprukken van de zwarte koningin niet langer gedekt werd.

Dit nieuwe verlies van een pion lijkt de jongeman niet te deren. Hij aarzelt geen seconde—dan schiet zijn koningin naar rechts, tot in het hart van de vijandelijke opstelling, ze landt op een veld van waaruit ze twee stuks zwaar geschut—een paard en een toren—tegelijk aanvalt en bovendien gevaarlijk ver tot de koningslijn doordringt. In de ogen van de toeschouwers glanst de bewondering. Wat een duivelskunstenaar, die zwarte! Wat een lef! 'Een professional,' mompelt men, 'een grootmeester, een Sarasate van het schaakspel!' En ongeduldig wacht men op Jeans tegenzet, ongeduldig vooral om de zwarte zijn volgende streek te zien leveren.

En Jean weifelt. Denkt na, pijnigt zichzelf, schuift op zijn stoel heen en weer, schudt het hoofd, het is een kwelling om naar hem te kijken— doe nou eindelijk een zet, Jean, doe een zet en vertraag de onvermijdelijke gang van zaken niet!

En Jean doet een zet. Eindelijk. Met trillende hand zet hij het paard op een veld waar het niet alleen gevrijwaard is van aanvallen van de koningin maar waar het haar op zijn beurt aanvalt en de toren dekt. Nou ja. Geen slechte zet. Wat bleef er voor hem in zijn benarde positie ook anders over dan deze zet? Wij allen die hier staan, wij zouden ook zo hebben gespeeld.—'Maar het helpt hem niets!' sist men, 'de zwarte heeft er al op gerekend!'

Want diens hand zweeft reeds als een havik boven het bord, grijpt de koningin en zet...—nee! zet haar niet terug, bang, zoals wij zouden hebben gedaan, maar schuift haar slechts één veld verder naar rechts! Ongelooflijk! Men is stijf van bewondering. Niemand begrijpt echt waar deze zet goed voor is, want de koningin staat nu aan de rand van het bord, bedreigt niets en dekt niets, staat daar volkomen zinloos—maar mooi, waanzinnig mooi,

zo mooi stond een koningin er nog nooit bij, een-
zaam en trots te midden van de vijandelijke troe-
pen… Ook Jean begrijpt niet waar zijn duistere
tegenstander met deze zet op uit is, in welke val hij
hem wil lokken, en pas na lang nadenken en met
een slecht geweten besluit Jean nog eens een on-
gedekte pion te slaan. Hij staat er nu, tellen de toeschouwers, drie pionnen beter voor dan de zwarte.
Maar wat betekent dat nu helemaal! Wat helpt dat
getalsmatige voordeel bij een tegenstander die duidelijk strategisch denkt, die het niet om losse stukken te doen is maar om opstellingen, om ontwikke-
ling, om een onverhoeds en bliksemsnel toeslaan?
Kijk uit, Jean! Jij bent nog op pionnenjacht als bij
de volgende zet je koning valt!

Zwart is aan zet. Rustig zit de vreemdeling achter het bord, hij rolt de sigaret tussen zijn vingers.
Hij denkt nu iets langer na dan anders, misschien
één, misschien twee minuten. Het is volkomen stil.
Geen omstander waagt het te fluisteren, haast niemand kijkt nog naar het schaakbord, alles staart
gespannen naar de jongeman, naar zijn handen en
naar zijn bleke gezicht. Zit daar niet reeds een mi-
nuscuul triomfantelijk lachje in zijn mondhoeken?
Ziet men geen heel lichte zwelling van de neusvleu-
gels, een zwelling die altijd aan grote beslissingen

voorafgaat? Wat zal de volgende zet zijn? Voor welke vernietigende slag haalt de meester uit?

Dan houdt de sigaret op met rollen, de vreemdeling buigt naar voren, een dozijn paar ogen volgt zijn hand—wat zal zijn zet zijn, wat zal zijn zet zijn?... en hij zet de pion van G7—wie had dat gedacht! de pion van G7!—de pion van G7 op... G6!!!

Er volgt een seconde van absolute stilte. Zelfs de oude Jean stopt even met beven en schuiven. En dan scheelt het maar weinig of er breekt onder het publiek gejuich uit! Men blaast zijn ingehouden adem uit, men stoot zijn buurman met de elleboog in de zij, zagen jullie dat? Wat een gewiekste knaap! *Ça alors!* Laat de koningin de koningin en zet gewoon die pion op G6! Daardoor komt G7 natuurlijk vrij voor zijn loper, zoveel is duidelijk, en daarna zet hij hem schaak, en dan... En dan?... Dan? Nou ja—dan... dan is het binnen de kortste keren afgelopen met Jean, dat staat vast. Kijk toch eens hoe ingespannen hij al nadenkt!

En inderdaad, Jean denkt. Hij denkt een eeuwigheid. Het is om gek van te worden! Zo nu en dan tast zijn hand al bevend voorwaarts—om zich meteen weer terug te trekken. Schiet op! Doe nou eindelijk die zet, Jean! We willen de grootmeester zien!

En eindelijk, na vijf lange minuten, men schuifelt al met zijn voeten, durft Jean zijn zet te doen. Hij bedreigt de koningin. Met een pion bedreigt hij de zwarte koningin. Wil met deze vertragende zet zijn noodlot ontlopen. Wat kinderachtig! Zwart hoeft zijn koningin immers maar twee velden terug te zetten en alles is weer bij het oude. Je bent op, Jean! Ideeën heb je niet meer, je bent op…

Want zwart—zie je, Jean, hij hoeft helemaal niet lang na te denken, nu volgt slag op slag!— Zwart pakt de ko…—en dan blijft bij iedereen even het hart stilstaan want zwart, in weerwil van het gewone verstand, pakt niet de koningin om haar tegen de belachelijke dreiging van de pion te beschermen, nee, zwart gaat rustig door met het uitvoeren van zijn plan en zet de loper op G7.

Ze kijken hem verbijsterd aan. Ze doen allemaal eerbiedig een halve stap terug en kijken hem verbijsterd aan: hij offert zijn koningin en zet de loper op G7! En dat doet hij volkomen bewust en met een onbeweeglijk gezicht, terwijl hij er rustig en superieur bij zit, bleek, verveeld en mooi. Ze krijgen er vochtige ogen van en een warm gevoel in de hartstreek. Hij speelt zoals zij willen maar nooit durven spelen. Ze begrijpen niet waarom hij speelt zoals hij speelt en dat kan hen ook niet schelen, ja, ze voelen misschien wel dat hij suïcidaal riskant speelt. Maar ze willen toch zo kunnen spelen als hij: groots, triomfantelijk, napoleontisch. Niet zoals Jean, wiens angstig weifelende spel ze begrijpen omdat ze zelf niet anders spelen dan hij, alleen minder goed: Jeans spel is weloverwogen. Het is ordelijk en volgens het boekje en irritant kleurloos. De zwarte daarentegen verricht met elke zet wonderen. Hij offert zijn eigen koningin, alleen om zijn loper op G7 te krijgen, wanneer zie je ooit zoiets? Ze zijn diep ontroerd door deze daad. Nu kan hij spelen wat hij wil, ze zullen hem zet voor zet volgen tot aan het einde, om het even of dat een stralend of een bitter eind zal zijn. Hij is nu hun held en zij houden van hem.

En zelfs Jean, de tegenstander, de nuchtere speler, aarzelt wanneer hij met bevende hand de pion naar de koningin voert om haar te slaan, alsof hij door schuwheid voor de stralende held is bevangen. Bijna smeekt hij, zich zachtjes verontschuldigend, hem niet tot deze daad te dwingen: 'Als u haar aan me geeft, monsieur... ik moet wel... ik moet...,' en werpt een hulpeloze blik op zijn tegenstander. Die zit daar met een stenen gelaatsuitdrukking en antwoordt niet. En de oude man, vol wroeging, verpletterd, slaat toe.

Een ogenblik later geeft de zwarte loper schaak. De witte koning staat schaak! De ontroering van de toeschouwers slaat om in wild enthousiasme. Reeds is het verlies van de koningin vergeten. Als één man staan ze achter de jonge uitdager en diens loper. De witte koning staat schaak! Zo zouden zij ook gespeeld hebben! Precies zo en niet anders! Schaak!—Een koele analyse van de opstelling zou hun weliswaar vertellen dat wit een enorme keuze aan varianten om zich te verdedigen heeft, maar dat interesseert niemand meer. Ze willen niet meer nuchter analyseren, ze willen alleen nog maar grootse daden zien, geniale attaques en schitteren-de listen die de tegenstander uitschakelen. Het spel—dit spel—heeft voor hen nog uitsluitend tot doel: de jonge vreemdeling te zien winnen en de oude matador totaal vernietigd te zien.

Jean aarzelt en denkt na. Hij weet dat niemand ook maar een sou op hem zou wedden. Maar hij weet niet waarom. Hij begrijpt niet dat de ande-ren—toch allemaal ervaren schakers—niet zien hoe sterk en veilig zijn opstelling is. Bovendien heeft hij een overwicht van één koningin en drie pionnen. Hoe kunnen ze geloven dat hij verliest? Hij kan niet verliezen!—Of toch wel? Vergist hij zich? Begint zijn concentratie te verslappen? Zien de anderen meer dan hij? Hij wordt onzeker. Misschien is de dodelijke valstrik al gespannen waar hij bij de volgende zet in zal trappen. Waar is die valstrik? Hij moet in elk geval zijn huid zo duur mogelijk verkopen...

En nog bedachtzamer, nog aarzelender, nog angstvalliger volgens het boekje wikt en weegt Jean, rekent hij varianten door en besluit dan een paard zo terug te trekken en tussen koning en loper te posteren dat nu de zwarte loper van zijn kant een mogelijke prooi van de witte koningin wordt.

Het antwoord van zwart komt zonder dralen. Zwart blaast de verijdelde aanval niet af maar haalt er versterking bij: zijn paard dekt de bedreigde loper. Het publiek juicht. En nu volgt slag op slag: wit haalt een loper te hulp, zwart gooit een toren in de strijd, wit brengt zijn tweede paard in stelling, zwart zijn tweede toren. Beide partijen concentreren zich op het gebied rond het veld waarop de zwarte loper staat, het veld waar de loper toch al kansloos was, is nu het centrum van de veldslag—waarom weet men niet, zwart wil het zo. En elke zet waarmee zwart verder aandringt en nieuw zwaar geschut op scherp zet, wordt nu door het publiek openlijk en luidkeels bejubeld en elke zet waarmee wit zichzelf noodgedwongen verdedigt met onverholen gemor gepareerd. En dan opent zwart, opnieuw dwars tegen de regels van de kunst in, een moorddadige rondedans van afruilzetten. Een wat zwakkere tegenstander—zo staat 't in het theorieboek—zou nauwelijks baat hebben bij een dermate rigoureuze slachting. Maar zwart begint er toch aan, en het publiek juicht. Zo'n slachtpartij heeft niemand ooit eerder meegemaakt. Meedogenloos maait zwart alles neer wat zich binnen zijn bereik bevindt, hij bekommert zich niet om zijn eigen verliezen, de pionnenlinies storten in elkaar en er sneuvelen, onder hartstochtelijke bijval van het deskundige publiek, paarden, torens en lopers...

Na zeven, acht zetten en tegenzetten is het schaakbord een woestenij. De balans van de slachting ziet er voor zwart erbarmelijk uit: hij bezit nog maar drie stukken, namelijk de koning, een toren, een pion. Wit daarentegen heeft naast koning en toren, zijn koningin en vier pionnen uit het armageddon gered. Voor elke weldenkende getuige van deze scène zou er nu echt geen twijfel meer over kunnen bestaan wie de partij wint. En inderdaad: van enige twijfel is geen sprake. Want nog steeds— het is de van strijdlustige opwinding gloeiende gezichten aan te zien—zijn de toeschouwers er, ook

oog in oog met de rampzalige toestand, van overtuigd dat hun man zal winnen! Nog steeds zouden
ze bereid zijn hoge bedragen op hem te wedden en
alleen al de toespeling op een eventuele nederlaag
zou hen in toorn doen ontsteken.

En ook de jongeman lijkt totaal niet onder de
indruk van de rampzalige toestand. Hij is aan zet.
Rustig neemt hij zijn toren en zet hem een veld
naar rechts. En opnieuw wordt het stil in de kring.
En inderdaad krijgen de volwassen mannen nu
tranen in hun ogen van overgave aan deze geniale
speler. Het is als aan het eind van de Slag bij Waterloo, toen de keizer zijn lijfgarde de allang verloren oorlog in stuurde: met zijn laatste zware geschut gaat zwart opnieuw tot de aanval over!

Wit heeft namelijk zijn koning op de laatste lijn
op G1 geposteerd en drie pionnen op de tweede lijn
voor hem staan, zodat de koning ingeklemd en
daarom in een dodelijk gevaarlijke positie ver-
keert, gesteld dat het zwart, wat hij kennelijk van
plan is, lukt bij de volgende zet met zijn toren tot de
achterste lijn op te rukken.

Nu is deze mogelijkheid een tegenstander
schaakmat te zetten wel de bekendste en banaal-
ste, je zou haast zeggen de kinderachtigste van alle
mogelijkheden bij dit spel, want het succes ervan

berust uitsluitend op het feit dat de tegenstander het gevaar niet ziet en geen tegenmaatregelen neemt, waarvan de effectiefste is de rij pionnen te openen en zo de koning een uitwijkmogelijkheid te bieden; een ervaren speler, ja zelfs een gevorderd beginner met deze truc schaakmat te willen zetten is meer dan frivool. Maar het verrukte publiek bewondert de zet van de held alsof het deze vandaag voor het eerst ziet. Ze schudden het hoofd van grenzeloze verbazing. Natuurlijk, ze weten dat wit nu een kapitale fout moet maken opdat zwart succes boekt. Maar ze geloven erin. Ze geloven echt dat Jean, de lokale matador die hen allemaal heeft verslagen, die zichzelf nooit een zwak moment toestaat, dat Jean deze beginnersfout begaat. Sterker nog: ze hopen het. Ze verlangen er hevig naar. Ze bidden in stilte, vurig, dat Jean deze misstap moge begaan...

En Jean denkt na. Schudt bedachtzaam het hoofd, weegt, zoals hij gewend is, de mogelijkheden tegen elkaar af, aarzelt nog eens—en dan dwaalt zijn bevende, met ouderdomsvlekken bezaaide hand naarvoren, pakt de G2-pion en zet hem op G3.

De torenklok van Saint Sulpice slaat acht keer. De andere schaakspelers van de Jardin du Luxembourg zijn allang een apéritif gaan drinken, de molenspelverhuurder heeft zijn stalletje allang gesloten. Alleen in het midden van het paviljoen staat nog rondom de twee strijders de kring toeschouwers. Ze kijken met grote koeieogen naar het schaakbord, waar een kleine witte pion de nederlaag van de zwarte koning heeft bezegeld. En ze willen het nog steeds niet geloven. Ze wenden hun koeieblikken van het deprimerende schouwspel op het speelveld af en kijken nu naar de veldheer die, bleek, verveeld en mooi en onbeweeglijk op zijn tuinstoel zit. 'Je hebt niet verloren,' zeggen hun koeieblikken, 'je zult nu een wonder verrichten. Je hebt deze situatie van meet af aan voorzien, er zelfs op aangestuurd. Je zult nu de tegenstander vernietigen, hoe, dat weten we niet, we weten helemaal niets, we zijn maar eenvoudige schakers. Maar jij, wonderdoener, kunt het verrichten, jij zult het verrichten. Stel ons niet teleur! We geloven in je. Verricht het wonder, wonderdoener, verricht het wonder en win!'

De jongeman zat stil en zweeg. Toen rolde hij zijn sigaret met zijn duim naar de toppen van wijs- en middelvinger en stopte de sigaret in zijn mond. Stak haar aan, nam een trekje, blies de rook over het schaakbord. Gleed met zijn hand door de rook, liet haar even boven de zwarte koning zweven en stootte die toen omver.

Het is een bijzonder ordinair en boosaardig gebaar wanneer men de koning omverstoot ten teken van opgave. Het is alsof men achteraf het hele spel vernielt. En het maakt een akelig geluid wanneer de omgestoten koning tegen het bord slaat. Elke schaakspeler geeft dat een steek in het hart.

De jongeman, nadat hij de koning verachtelijk door een simpele tik met zijn vinger had omvergestoten, stond op, gunde noch zijn tegenstander noch het publiek een blik waardig, groette niet en vertrok.

De toeschouwers bleven beduusd en beschaamd staan en keken radeloos naar het bord. Na een tijdje schraapte deze of gene zijn keel, schuifelde met zijn voet, zocht naar een sigaret.—Hoe laat is het? Kwart over acht al? Mijn god, wat laat! Tot ziens! Salut Jean...! en ze mompelden een of andere verontschuldiging en knepen er snel tussenuit.

De lokale matador bleef alleen achter. Hij zette de omvergestoten koning weer recht en begon de schaakfiguren in een doosje te doen, eerst de geslagen stukken, toen de stukken die op het bord waren achtergebleven. Terwijl hij dat deed nam hij, zoals zijn gewoonte was, de verschillende zet-

ten en opstellingen van de partij in gedachten nog
eens door. Hij had geen enkele fout gemaakt, natuurlijk niet. En toch kwam het hem voor alsof hij
nog nooit van zijn leven zo slecht gespeeld had.
Eigenlijk had hij zijn tegenstander al in het ope-
ningsstadium mat moeten zetten. Wie zo'n waar-
deloze zet als. dat koninginnegambiet kon doen,
diskwalificeerde zichzelf. Zulke beginners placht
Jean al naargelang zijn humeur genadig of onge-
nadig, maar in elk geval flink en doortastend af te
ranselen. Dit keer echter had zijn gevoel voor de
ware zwakte van zijn tegenstander het kennelijk
laten afweten—of was hij gewoon laf geweest?
Had hij het niet aangedurfd met die arrogante
charlatan korte metten te maken zoals de man toch
verdiende?

Nee, het was erger. Hij had zich niet *willen*
voorstellen dat zijn tegenstander zo erbarmelijk
slecht was. En, nog erger: bijna tot aan het eind
van de strijd had hij willen geloven dat hij niet eens
aan zijn tegenstander gewaagd was. Onoverwin-
nelijk hadden diens zelfverzekerdheid, genialiteit
en jeugdige uitstraling geleken. Daarom had hij zo
overdreven voorzichtig gespeeld. Sterker nog: als
Jean heel eerlijk was, moest hij toegeven dat hij de
vreemdeling had bewonderd, niet anders dan de

anderen, ja, hij had ernaar verlangd dat de ander zou winnen en hem, Jean, *eindelijk* de nederlaag zou bezorgen waar hij al jaren met groeiende moedeloosheid op wachtte, opdat hij eindelijk bevrijd zou zijn van de last de grootste te zijn en iedereen te moeten verslaan, opdat het hatelijke toeschouwersvolkje, deze afgunstige bende, eindelijk tevreden was, opdat er rust was, eindelijk...

Maar toen had hij natuurlijk toch weer gewonnen. En deze overwinning was voor hem de weerzinwekkendste uit zijn hele loopbaan want hij had, juist om die overwinning te vermijden, een heel schaakspel lang zichzelf verloochend en vernederd en voor de erbarmelijkste stumper ter wereld zijn wapens neergelegd.

Hij was geen man van grote morele inzichten, Jean, de lokale matador. Maar zoveel was hem wel duidelijk, toen hij met het bord onder z'n arm naar huis slofte: dat hij vandaag in werkelijkheid een nederlaag had geleden, een nederlaag die zo vreselijk was en zo definitief omdat een revanche uitgesloten was en door geen enkele toekomstige overwinning, hoe grandioos ook, ongedaan kon worden gemaakt. En daarom besloot hij—die ook op andere gebieden nooit een man van grote besluiten was geweest—voor eens en altijd met schaken te stoppen.

Voortaan zou hij *boules* spelen, net als alle andere bejaarden. Dat was een onschuldig, gezellig spel met geringere morele pretenties.

Amnesie
in litteris

W**AT** was de vraag ook alweer? Oh, juist ja:
welk boek indruk op mij gemaakt, me
gevormd, een stempel op me gedrukt, me door elkaar geschud, ja zelfs welk boek me 'op een bepaald spoor' gezet of me 'van streek' gemaakt
heeft.

Dit klinkt als een schokkende of traumatische
ervaring, die het slachtoffer wel in nachtmerries
beleeft maar niet bij volle bewustzijn, laat staan
schriftelijk en in alle openbaarheid, waar, meen ik,
reeds een Oostenrijks psycholoog, wiens naam mij
even ontschoten is, met recht op gewezen heeft in
een zeer lezenswaardig essay, waarvan ik me de

titel niet meer precies kan herinneren, dat echter in een boekje genaamd *Ich und Du* of *Es und Wir* of *Selbst Ich* of iets dergelijks verschenen is (of onlangs bij Rowohlt, Fischer of Suhrkamp herdrukt werd, dat zou ook kunnen, in elk geval was de omslag groen-wit of lichtblauw-gelig of, nog beter, grijsblauw-groenig).

Nou ja, misschien heeft de vraag helemaal niets met neurotraumatische leeservaringen te maken maar gaat het eerder om een artistieke beleving zoals in het beroemde gedicht 'Mooie Apollo'... nee, het heette, geloof ik, niet 'Mooie Apollo', het heette een beetje anders, de titel had iets archaïsch, 'Jonge torso' of 'Oeroude mooie Apollo' of iets dergelijks heette het, maar dat doet er niet toe...—zoals dus in dat beroemde gedicht van... van...—zijn naam wil me op dit moment niet te binnen schieten, maar het was echt een heel beroemde dichter met koeieogen en een snor, en hij heeft voor die dikke Franse beeldhouwer (hoe heette hij ook weer?) een woning in de Rue de Varenne geregeld—nee, woning is niet het juiste woord, een palazzo is het, met een park waar je in tien minuten nog niet doorheen bent! (Je vraagt je trouwens af waarvan ze dat in die tijd allemaal betaalden)—zoals het dus in elk geval onder woorden wordt gebracht in dat prachtige gedicht, dat ik niet meer in zijn volle lengte zou kunnen citeren maar waarvan de laatste regel als een eeuwige gebiedende wijs heel onuitwisbaar in mijn geheugen staat gegrift, die regel luidt namelijk: 'Je moet je leven veranderen.' Hoe zit dat dus met de boeken waarvan ik zou kunnen zeggen dat ze mijn leven hebben veranderd? Om licht op dit probleem te werpen stap ik (het is maar een paar dagen geleden) op mijn boekenrek af en laat mijn blik langs de ruggen dwalen. Zoals altijd bij zulke gelegenheden—wanneer namelijk van één soort al te veel exemplaren op één plek verzameld zijn en het oog zich in de massa verliest—begint het mij te duizelen, en om de duizeligheid een halt toe te roepen doe ik een willekeurige greep in de massa, ik pik er één boek uit, wend me af als met een buit, sla het op, blader erin en ga er geheel in op.

Algauw merk ik dat ik een goede greep gedaan heb, een gouden greep zowaar. Dit proza is geslepen en volgt een ongelooflijk heldere gedachtengang, het is doorspekt met de meest interessante en opzienbarende informatie en flonkert van de verrassingen—helaas ontschiet me terwijl ik dit schrijf de titel van het boek, net als de naam van de auteur en de inhoud, maar dat doet er, zoals we dadelijk zullen zien, niet toe, sterker nog: het draagt juist bij aan de verheldering van het probleem. Het is, zoals gezegd, een schitterend boek dat ik hier in handen houd, elke zin een verrijking, en ik strompel al lezend naar mijn stoel, zijg al lezend neer, vergeet al lezend waarom ik eigenlijk lees, ben alleen nog maar hevig verlangend naar al dat kostelijks en volkomen nieuwe dat ik hier bladzij na bladzij ontdek. Hier en daar onderstreepte passages of met potlood in de kantlijn gekrabbelde uitroeptekens—sporen van een lezende voorganger die ik normaal in boeken niet erg waardeer—storen me in dit geval niet, want zo spannend wikkelt het verhaal zich af, zo monter bruist het proza dat ik de potloodsporen helemaal niet meer waarneem, en als ik dat toch een keer doe, dan slechts instemmend, want het blijkt dat mijn lezende voorganger—ik heb geen flauw idee wie het zou kunnen zijn—het blijkt, zeg ik, dat hij zijn onderstrepingen en exclamaties precies op die plaatsen heeft aangebracht die ook mij het meest in vervoering brengen. En zo lees ik verder, dubbel bevleugeld door de superieure kwaliteit van de tekst en de spirituele kameraadschap met mijn onbekende voorganger, ik duik steeds dieper in de verdichte wereld, volg met steeds grotere verwondering de heerlijke wegen waarlangs de auteur mij leidt...

Tot ik bij een passage kom die beslist het hoog-
tepunt van de vertelling vormt en die aan mij een
luid 'aaah!' ontlokt. 'Aaah, wat goed gedacht! Wat
goed gezegd!' En ik sluit even mijn ogen om over
het gelezene na te peinzen dat als een pad in de
jungle van mijn bewustzijn is gekapt, volkomen
nieuwe perspectieven opent, nieuwe inzichten en
associaties schenkt en inderdaad als die angel van
het 'Je moet je leven veranderen!' in mijn geest
prikt. En automatisch haast grijpt mijn hand naar
het potlood, en je moet daar een streep bij zetten,
denk ik, een 'heel goed' moet je in de kantlijn
schrijven met een dik uitroepteken erachter en in
een paar trefwoorden moet je de gedachtenstroom
noteren die de passage in jou heeft losgemaakt, als
geheugensteuntje en gedocumenteerde dank aan
de auteur die jou zo geweldig veel geopenbaard
heeft!

Maar ach! Als ik de punt van het potlood laat
zakken om mijn 'Heel goed!' neer te krabbelen,
dan staat daar al een 'Heel goed!', en ook de sa-
menvatting in trefwoorden die ik wil noteren heeft
mijn lezende voorganger reeds op papier gezet, en
hij heeft het in een handschrift gedaan dat mij zeer
vertrouwd is, namelijk in mijn eigen, want de voor-

ganger was niemand anders dan ikzelf. Ik had het boek allang gelezen.

Dan overvalt mij een immens verdriet. De oude ziekte heeft me weer te pakken: amnesie *in litteris*, het complete literaire geheugenverlies. En een golf van berusting over de vergeefsheid van al het streven naar inzicht, van heel het menselijk streven overspoelt mij. Waartoe dan lezen, waartoe dan bijvoorbeeld dit boek nog eens lezen terwijl ik weet dat binnen de kortste keren niet eens de schim van een herinnering beklijft? Waartoe überhaupt nog iets doen wanneer alles toch tot niets vergaat? Waartoe leven als men toch sterft? En ik klap het mooie werkje dicht, sta op en sluip als een beurs geslagen hond naar het rek terug en laat het in de rij anonieme en massaal vergeten boeken verdwijnen.

Aan het eind van de plank blijft mijn blik hangen. Wat staat daar? Ach ja: drie biografieën over Alexander de Grote. Die heb ik ooit allemaal gelezen. Wat weet ik over Alexander de Grote? Niets. Aan het eind van de volgende plank staan verschillende convoluten over de Dertigjarige Oorlog, waaronder vijfhonderd bladzijden Veronica Wedgwood en duizend bladzijden Wallenstein van Golo Mann. Dat heb ik allemaal braaf gelezen. Wat weet ik over de Dertigjarige Oorlog? Niets. De plank daaronder is van links naar rechts volgepropt met boeken over Ludwig II van Beieren en zijn tijd. Die heb ik niet alleen gelezen, die heb ik doorploegd, een heel jaar lang, en er vervolgens drie draaiboeken over geschreven, ik was haast een Ludwig II-expert. Wat weet ik nu nog over Ludwig II en zijn tijd? Niets. Absoluut niets. Vooruit, denk ik, bij Ludwig II komen we deze volledige amnesie misschien nog wel te boven. Maar hoe zit dat bij de boeken die daar boven staan, naast het bureau, in de verfijndere, de literaire afdeling? Wat is in mijn geheugen blijven hangen van de vijftiendelige Andersch-cassette? Niets. Wat van de Bölls, Walsers en Koeppens? Niets. Van de tien delen Handke? Minder dan niets. Wat weet ik nog van Tristram Shandy, wat van Rousseaus bekentenissen, van Seumes wandeling? Niets, niets, niets—Maar daar! Shakespeares komedies! Vorig jaar nog allemaal gelezen. Daar moet toch iets van zijn blijven hangen, een vage voorstelling, een titel, één enkele titel van één enkele komedie van Shakespeare! Niets.—In godsnaam, Goethe dan, Goethe, daar, en hier bijvoorbeeld, dat witte boekje: *Die Wahlverwandtschaften*, dat heb ik minstens drie keer gelezen…—en geen greintje is er van over. Alsof alles is weggeblazen. Is er dan geen enkel boek meer op de wereld waarvan ik me iets kan herinneren? Die twee rode delen daar, die dikke met die rode linten, die moet ik toch nog kennen, die komen me vertrouwd voor als oude meubels, die heb ik gelezen, gewoond heb ik in deze boeken, wekenlang, nog helemaal niet zo lang geleden, wat dan, hoe heet het dan? De demonen. Zozo. Aha. Interessant.—En de schrijver? F.M. Dostojevski. Hm. Tsja. Ik meen dat ik het me vaag herinner: het speelt, geloof ik, allemaal in de vorige eeuw, en in het tweede deel schiet iemand zichzelf dood met een pistool. Meer zou ik er niet over weten te zeggen.

Ik laat me in mijn bureaustoel vallen. Het is een schande, het is een schandaal. Dertig jaar kan ik nu al lezen, heb, ofschoon niet veel, toch wel wat gelezen, en alles wat me daarvan bijblijft is de bijzonder vage herinnering dat in het tweede deel van een duizend bladzijden dikke roman iemand zichzelf met een pistool doodschiet. Dertig jaar voor niets gelezen! Duizenden uren van mijn kindertijd, mijn jeugd en kostbare jaren als volwassen man lezend doorgebracht en daarvan niets anders overgehouden dan een grote leegte. En niet dat deze ziekte minder wordt, integendeel, het wordt alleen maar erger. Als ik tegenwoordig een boek lees vergeet ik het begin al voordat ik bij het slot gekomen ben. Soms heeft mijn geheugen niet eens meer de kracht om één bladzijde leesstof vast te houden. En zo sukkel ik van alinea naar alinea, van de ene zin naar de volgende, en weldra zal het zover zijn dat ik met mijn bewustzijn nog slechts losse woorden kan omvatten die uit de donkerte van een eeuwig onbekende tekst op me toestromen en op het moment van het lezen oplichten als vallende sterren, om dan meteen weer in de donkere Lethestroom van het volledige vergeten weg te zinken. Bij literaire discussies kan ik allang mijn mond niet meer opendoen zonder enorm te blunderen doordat ik Mörike met Hofmannsthal verwissel, Rilke met Hölderlin, Beckett met Joyce, Italo Calvino met Italo Svevo, Baudelaire met Chopin, George Sand met Madame de Staël enzovoort. Als ik een citaat zoek dat me vaag voor ogen zweeft, ben ik dagen aan het naslaan omdat ik de auteur vergeten ben en ik me tijdens het naslaan net zo lang in onbekende teksten van wildvreemden verlies tot ik ben vergeten wat ik eigenlijk zocht. Hoe zou ik met zo'n chaotische geestesgesteldheid me kunnen aanmatigen de vraag te beantwoorden welk boek mijn leven veranderd heeft? Geen enkel? Allemaal? Sommige?—Ik weet het niet.

Maar misschien—denk ik om mezelf te troosten —misschien zijn bij het lezen (net als in het leven) de wissels en abrupte veranderingen helemaal niet zo belangrijk. Misschien is lezen eerder een impregnatief gebeuren, waarbij het bewustzijn wel grondig wordt doordrenkt maar dan op zo'n onmerkbaar osmotische wijze dat het dit proces niet gewaarwordt. De aan amnesie in litteris lijdende lezer zou dus wel degelijk veranderen door te lezen maar dat niet merken omdat daarbij ook die kritische instanties van zijn hersenen meeveranderen die hem zouden kunnen zeggen dát hij verandert. En voor iemand die zelf schrijft zou de ziekte weleens een zegen, ja haast een noodzaak kunnen zijn. Zij behoedt hem immers voor de verlammende eerbied die elk groot literair werk inboezemt en maakt zo de weg vrij voor een volkomen ongecompliceerde verhouding tot het verschijnsel plagiaat, zonder welk niets origineels kan ontstaan.

Ik weet 't, het is een uit nood geboren, een onwaardige en rotte troost, en ik probeer het van me af te schudden; je mag je niet aan die vreselijke amnesie overgeven, denk ik, je moet met alle macht tegen de Lethe opzwemmen, je mag niet meer hals over kop in een tekst verdwijnen maar je

moet er met helder, kritisch bewustzijn gedistan-
tieerd boven staan, je moet samenvatten, memore-
ren, aan geheugentraining doen—kortom: je
moet—en hier citeer ik uit een beroemd gedicht,
waarvan auteur en titel me op het ogenblik zijn
ontschoten maar waarvan de laatste regel als een
eeuwige gebiedende wijs heel onuitwisbaar in mijn
geheugen staat gegrift: 'Je moet', zo heet het daar,
'je moet… je moet…'

Wat stom! Nu ben ik de exacte tekst vergeten.
Maar dat geeft niets want de betekenis weet ik nog
heel goed. Het was zoiets als: 'Je moet je leven veranderen!'

Inhoud

Verantwoording

De erfenis van maître Mussard
'Das Vermächtnis der Maître Mussard' (1975).
Voor het eerst gepubliceerd in *Neue Deutsche
Hefte* no. 149, Berlijn 1976.

Het dictaat van de diepgang
'Der Zwang zur Tiefe' (1979). Voor het eerst
gepubliceerd in *Das Buch der Niedertracht*, Klaus
G. Renner Verlag, München 1986.

Een strijd
'Ein Kampf' (1981). Voor het eerst gepubliceerd
in *Tintenfass* no. 12, Diogenes Verlag, Zürich 1985.

Amnesie *in litteris*
'Amnesie in Litteris' (1985). Voor het eerst
gepubliceerd in *L'80* no. 37, Berlijn 1986.